# Inhalt

**Projektcontrolling - Nur ein auf die spezifischen Anforderungen des Projektmanagements abgestimmtes Controlling kann den finanziellen Erfolg sicherstellen**

Kernthesen

Beitrag

Fallbeispiele

Weiterführende Literatur

Impressum

# Projektcontrolling - Nur ein auf die spezifischen Anforderungen des Projektmanagements abgestimmtes Controlling kann den finanziellen Erfolg sicherstellen

M. Westphal

## Kernthesen

- Die Bedeutung von Projekten und damit von effektivem Projektmanagement nimmt

in Deutschland zu.
- Erfolgreiches Projektmanagement muss von dediziertem Projektcontrolling unterstützt werden.
- Um das Projektmanagement sinnvoll unterstützen zu können, bedarf es im Projektmanagement spezieller Controlling-Tools.

# Beitrag

Die Bedeutung von Projektarbeit nimmt für deutsche Unternehmen ständig zu und damit auch die Bedeutung eines spezifisch an diese Bedürfnisse ausgerichteten Projektcontrollings.

# Die Projektarbeit und damit das Projektmanagement nehmen in deutschen Unternehmen an Bedeutung zu

Für produzierende Unternehmen in Deutschland wird die Projektarbeit immer wichtiger. Sie sind auf Produktinnovationen und eine hohe Flexibilität angewiesen. Damit wird das Projektfertigen immer wichtiger. Aber auch im Falle von Serienfertigung ist

ein Projektmanagement zur effizienten Produktentwicklung, Musterbau und Nullserienfertigung von Bedeutung. Im Rahmen von Projekten sind die Einmaligkeit der Aufgabenstellung, die Vorgabe von Zielen sowie die Festlegung finanzieller, terminlicher und personeller Eckdaten von großer Bedeutung. Für produzierende Unternehmen wird Projektarbeit, die in Verbindung mit der Auftragsabwicklung steht, immer wichtiger. (1)
Projektgeschäft ist geprägt durch eine hohe Komplexität, starken Wettbewerb und ein hohes wertmäßiges Risiko. Diese Faktoren lassen den Einsatz moderner und leistungsfähiger Planungs-, Kontroll- und Steuerungssysteme notwendig erscheinen. (2)
Projektanforderungen, die sich stellen können, sind die Überwachung der Vorgänge sowie auch die Untersuchung von Kosten und Fehlern in der Produktion bis zur Serienreife eines Produkts. (1) Aufgrund des hohen Integrationsgrades des Projektmanagements sollten die Funktionalitäten des Projektmanagements in entsprechenden Enterprise Resource Planning(ERP-) Software Systemen integriert sein. (1)

# Um das Projektmanagement

# sinnvoll zu unterstützten bedarf es eines ausgefeilten Projektcontrollings mit spezifischen Methoden

Das Projektcontrolling verfolgt den zeitlichen Projektfortschritt. Ebenso werden aber auch die aufgelaufenen Projektkosten genau überwacht. Nur so können auch die Projektkosten strukturiert und nach Kostenarten ausgewertet werden. Ebenso können die noch voraussichtlich auflaufenden Projektkosten je Projektstrukturelement projiziert werden. Natürlich kann die Projektion vom ursprünglich geplanten Budget abweichen.
Den Mittelpunkt des prozessphasenübergreifenden Projektcontrollings bildet das Unternehmenscontrolling mit einer zentralen und einheitlichen Projekt- und Ergebnisrechnung. Innerhalb eines softwaregestützten Projektcontrollings sind natürlich auch Kostenänderungen durch Änderungen der Auftragsspezifikationen kalkulierbar mithilfe von Szenario-Analysen.
Auch die kostenrelevanten Faktoren im Falle von Abweichungen der Ist-Kosten vom Budget zu dokumentieren ist Aufgabe des Projektcontrollings. Dafür ist auch die Konfiguration eines

Änderungsmanagements erforderlich, welches die vielfachen Änderungen im Projekt kontinuierlich nachhält. Das kontinuierliche Aufzeigen der zeitlichen Kostenentwicklung und die Darstellung der Projektkosten in jedem Zeitpunkt aber auch zu jeder nur denkbaren Kostenposition sind notwendige Analysetools, die ein erfolgreiches Projektmanagement begleiten. (1) (2)

Wesentliche Bausteine des Projekt-Controllings sind
- Qualitätssicherung
- Vertragsmanagement
- Claimmangement
- Risikomanagement
(2)
Dem Projektcontrolling kommt im Rahmen des Risikomanagement eine besondere Bedeutung zu, da planerische Unschärfen im Vorfeld eines Projektes nie ausgeschlossen werden können. (6)

## Ohne DV-Unterstützung lässt sich ein komplexes Projekt kaum noch steuern

Ein möglicher Ansatz der Implementation von

Controlling-Instrumenten in das Projektgeschäft liegt im Einsatz von Workflow-Technologien und moderner Intranet-Technologie. Dabei sollte das Ziel darin bestehen, das Projektgeschäft ähnlich zu begleiten wie es die serielle Fertigung bereits seit Jahren erfährt.
Das gesamte Projektcontrolling muss in die EDV-Gesamtkonzeption des Unternehmens integriert werden. Hierbei ist ein übergreifendes, intranetgestütztes und prozessorientiertes Informations- und Koordinationssystem unerlässlich. Im Vergleich zum normalen betriebswirtschaftlichen Controlling werden neben den Dimensionen
- Zeitbezug
- Entscheidungsebene
- Systemebene, Inhalte, Bereiche, etc.,
noch die Dimension der Ablauf- und Prozessorientierung in die Konzeption integriert.
Der Grund hierfür liegt darin, dass wirtschaftliche Entscheidungen zwar in der jeweiligen Entscheidungsebene getroffen werden. Jedoch ist der Gesamtzusammenhang der Entscheidungshierarchie im Geschäftsprozess hervorzuheben.
Im Falle der Projektfertigung besteht der Gesamtplan aus der Summe der Einzelprojektpläne. Hinzu kommen dann die Pläne der Niederlassungen. So entstehen letztendlich Profit-Center-Rechnungen. Wichtig ist in diesem Zusammenhang, dass die wertmäßige Entwicklung der Projekte nicht an

Bilanz- oder sonstige Stichtage gekoppelt ist. Dieses wiederum ergibt eine besondere Periodisierungs- und Ausweisproblematik bezüglich der wertmäßigen Darstellung der Projekte. (2)

Jedes Projekt ist in mehrere Phasen zu gliedern:
- Projektvorbereitungsphase
- Projektrealisiationsphase
- Projektabschlussphase

Das Projektcontrolling ist daher am besten phasenbezogen durchzuführen. Daraus resultiert auch die Tatsache, dass das Projektcontrolling bei komplexen Projektfertigern prozessorientiert aufgebaut ist. (2)

## Der Projektcontroller unterstützt die Projektleitung und Geschäftsführung bei der Beantwortung projektspezifischer finanzieller Fragestellungen

Aufgabe des Projektcontrollers ist die interne Beratung und Unterstützung des Managements aus dem Blickwinkel finanzieller Handlungsmotive. Wesentliche Fragen liegen in den Bereichen Termin-

und Budgeteinhaltung sowie Vorschläge zur Gestaltung ggf. notwendiger Gegenmaßnahmen. So werden häufig die zu einem Stichtag angefallenen Projektkosten mit den saisonalisierten Planwerten oder eben dem Budget verglichen. Sofern keine Abweichung festzustellen ist, wird häufig die Einschätzung "Kein Handlungsbedarf" generiert. Allerdings ist diese Einschätzung problematisch. Es ist nämlich noch zu hinterfragen, inwieweit die bisherigen Arbeitsergebnisse des Projekts den bisherigen Kostenanfall rechtfertigen. So kann das realisierte Ergebnis ja weit hinter dem zu diesem Zeitpunkt geplanten zurückliegen, womit ein deutlich zu hoher Kostenanfall die Folge wäre.

## Die Earned-Value-Methode kristallisiert sich als eine gute Methode zum Projektcontrolling heraus

Gemäß den Ausführungen des vorangegangenen Absatzes ist es daher von großer Bedeutung, den so genannten Earned Value (den Wert des bisherigen Ergebnisses) mit den dafür angefallenen Kosten abzugleichen. [3]
Im Rahmen der Earned-Value-Methode werden kontinuierlich die folgenden Messgrößen erhoben:

- Cost Performance Index (CPI) erhoben, der das Verhältnis von Sollkosten zu Istkosten im jeweiligen Kontrollzeitpunkt misst
- Schedule Performance Index (SPI), der das Verhältnis der Sollkosten (oder des erzielten Arbeitsergebnisses = Earned Value) zu den Plankosten oder auch dem geplanten Arbeitsergebnis misst. (3)

Hierbei drückt ein CPI kleiner 1 aus, dass die Istkosten über den Sollkosten liegen. Gemäß der Earned-Value-Methode hat ein investierter Euro somit bislang einen Gegenwert von unter einem Euro erwirtschaftet.
Ein SPI zeigt auf, wie viele der im Kontrollzeitpunkt geplanten Arbeitsergebnisse auch erledigt wurden. Im Zuge der Bewertung ist hier eine planmäßige Kostenentstehung unterstellt. (3)

Das Earned-Value-Konzept bildet die drei wichtigsten Projektdimensionen Ergebnis, Kosten und Zeit durch monetäre Controllingkennzahlen treffend ab.
Der Earned Value repräsentiert die Sollkosten des Projekts auf Basis bislang erzielter Arbeitsergebnisse zu einem Kontrollzeitpunkt. Damit ist er vergleichbar der Abweichungsanalyse im Rahmen von flexiblen Plankostenrechnungen.
Die Cost Variance (CV) stellt eine in Geldeinheiten bewertete Verbrauchsabweichung dar. Es werden

hierdurch Ressourcenverschwendung bzw. Ausführungs- oder Planungsfehler im Ressourceneinsatz aufgezeigt.
Die Schedule Variance (SV) informiert über in Geldeinheiten bewertete Projekt- bzw. Ergebnisrückstände, die sich entsprechend in Terminabweichungen niederschlagen. (3)

Der "To Complete Performance Index" (TCPI) setzt zum Zeitpunkt t die Sollkosten in Vergleich zu den noch erlaubten Kosten für die noch zu erledigenden Arbeitspakete. Dabei kann der Zähler des TCPI als der noch zu erbringende Output erachtet werden. Im Nenner zeigt sich der noch mögliche Ressourcenverbrauch bis hin zur ursprünglich genehmigten Budgetgrenze.
Der TCPI ist damit ein fiktiver Effizienzmaßstab. Durch den Vergleich des TCPI mit dem bislang realisierten CPI kann das Management z. B. beurteilen, wie realistisch eine Budgeteinhaltung noch erscheint. (3)

# Das Projektcontrolling muss unterscheiden zwischen intern und extern vergebenen

# Projektleistungen

Im Rahmen des Projekt-Controllings entstehen Transaktionskosten, welche zum Teil Controllingkosten darstellen. Diese unterscheiden sich bei der Betrachtung zwischen intern vergebenen Projekten oder aber Projekte, die nach extern vergeben wurden. Darüber hinaus ist die Risikostruktur wie auch der Managementaufwand für Projekte, die Inhouse oder aber extern durchgeführt werden, unterschiedlich,.
Diese Transaktionskosten bestehen auf marktlicher Ebene (Projekterfüllung an Dritten vergeben) aus:
- Kosten der Leistungsmessung/Bewertung/Überwachung,
- Kosten ineffizienter Vertragsergebnisse,
- Kosten der Durchsetzung.
(4)
Auf Unternehmensebene (Projekterfüllung im eigenen Hause beauftragt):
- Kosten der Leistungsmessung/Bewertung/Überwachung,
- Kosten durch nicht zielkonforme Entscheidungen,
- Kosten der Konfliktlösung.
(4)

## Auf dem Buchmarkt sind gerade

# vier Neuerscheinungen zum Projektcontrollling erschienen

Aktuell hat es auf dem Buchmarkt vier Neuerscheinungen zum Thema Projektcontrolling gegeben. Dieses Thema ist nicht ganz trivial in der Behandlung, da die Methoden und Werkzeuge des Projektmanagements nicht ohne weiteres von denen des Projektcontrollings zu trennen sind. In der Vergangenheit haben sich daher viele Fachleute und eben auch Autoren damit aus der Affäre gezogen, dass sie bei diesem Thema auf die Rolle des Controllers in der Organisation ausgewichen sind. Das führte dann zu Stellenbeschreibungen oder umfangreichen Tätigkeitsprofilen. Allerdings wurden kaum projektspezifische Controllingtools oder Vorgehensweisen entwickelt. Die Abhandlungen hätten ebenso gut unter dem Thema Projektmanagement behandelt werden können. (5)

Der Autor Schreckeneder sieht den Projektcontroller als Dienstleister für den Projektleiter so wie aber auch für andere Rollenträger im Projektmanagement. Er teilt sein Buch auf in die Projektphasen:
- Vorprojekt
- Definitionsphase
- Durchführungsphase
- Projektabschluss

und benennt selektiv die Beobachtungsobjekte für das Controlling ebenso wie die entsprechenden Methoden und Instrumente. Außerdem grenzt er die Rolle des Projektleiters sorgfältig von der des Projektcontrollers ab. (5)

Der Autor Koreimann befasst sich neben den Standards auch sehr ausführlich mit Gedanken, die in dieser Disziplin nicht typisch sind. So wird der Begriff der Projektwirtschaftlichkeit definiert und unterschieden von der Produktwirtschaftlichkeit und der Prozesswirtschaftlichkeit. (5)

Füting und Hahn beschäftigt sich sehr plastisch und verständlich mit elementaren Themen des Projektcontrollings. Ein Schwergewicht wird auf die Earned-Value-Analyse gelegt, ohne allerdings ihre Probleme stärker zu analysieren, da sie ja nur dann von Nutzen ist, wenn es gelingt, eine einigermaßen exakte Aussage über Projektfortschritt bzw. Status der Teilaufgaben und Arbeitspakete treffen zu können. (5)

Fiedler erarbeitet fünf sehr informative Fallstudien, die wertvolle Einsichten in die Einbindung des Projektcontrollings vermitteln. Allerdings gelingt es ihm nicht, neuere Konzepte der DV-Unterstützung von Projektcontrolling hinreichend zu berücksichtigen. (5)

# Fallbeispiele

Für Beratungsunternehmen, die nahezu ausschließlich von Projektmanagement leben ist eine saubere Ressourcensteuerung, verbunden mit strategischem Projektcontrolling unabdingbar, um die Mitarbeiter optimal auszulasten und damit die finanzielle Seite der Projekte ständig im Blick zu behalten. (6)
So ist eine kontinuierliche Überprüfung notwendig, ob sich ein Projekt finanziell überhaupt lohnt und ob es im Interesse des Unternehmens liegt, das Projekt überhaupt oder weiter durchzuführen. So ist es für die Verantwortlichen darüber hinaus möglich, jederzeit die in Echtzeit über den Soll-Ist-Zustand der Projekte informiert zu werden. Kennzahlen über den Zeitaufwand, Reisekosten oder vereinbarte und bereits erbrachte Leistungen müssen abgefragt werden können. Mit Softwareunterstützung durch Programme von Computer Associates und anderen Softwareunternehmen ist es möglich, sich jederzeit per Knopfdruck über sämtliche Projektdaten zu informieren. So kann in Beratungsunternehmen auch langfristig der optimale Mitarbeitereinsatz und der Personalbedarf geplant werden. (6)

In Projekten mit hohem Konstruktionsaufwand muss heute aus Termingründen die Fertigung parallel zur

Konstruktion anlaufen. Dabei müssen dann konstruktionsbedingte Änderungen unmittelbar au die Fertigungsplanung (z. B. Stücklistenplanung) weitergegeben werden. Ebenso können diese Daten auch andere interdependente Ebenen unmittelbar weitergegeben werden. (6)

# Weiterführende Literatur

(1) Projektmanagement in ERP/PPS-Systemen Was bietet der Softwaremarkt für die integrierte Planung von Projekten und Produktionsressourcen?
aus REFA-Nachrichten, Heft 4/2005, S. 4-14

(2) Wienhold, Klaus, Prozess- und controllingorientierte Projektmanagementkonzeption, Controlling, heft 10, Oktober 2005, S. 583 595
aus REFA-Nachrichten, Heft 4/2005, S. 4-14

(3) Kesten, Rolf, Projektcontrolling mit Earned Value Kennzahlen, Controlling, Heft 10, Oktober 2005, S. 573 581
aus REFA-Nachrichten, Heft 4/2005, S. 4-14

(4) Externes oder internes Projektmanagement: Ein Unterschied?
aus Projektmanagement aktuell, Heft 4/2005, S. 26-32

(5) Buchbesprechung Leitfaden zum Projektmanagement

aus Projektmanagement aktuell, Heft 4/2005, S. 49

(6) Projektcontrolling
aus is report, Heft 10/2005, S. 26-30

(7) Studie zur Softwareunterstützung für Projektmanagement-Aufgaben
aus Projektmanagement aktuell, Heft 4/2005, S. 42-45

# Impressum

## Projektcontrolling - Nur ein auf die spezifischen Anforderungen des Projektmanagements abgestimmtes Controlling kann den finanziellen Erfolg sicherstellen

**Bibliografische Information der deutschen Nationalbibliothek**

Die Deutsche Nationalbibliothek verzeichnet diese Publikation in der deutschen Nationalbibliografie; detaillierte bibliografische Daten sind im Internet über http://dnb.d-nb.de abrufbar.

ISBN: 978-3-7379-0028-7

© 2015 GBI-Genios Deutsche Wirtschaftsdatenbank GmbH, Freischützstraße 96, 81927 München, www.genios.de

Alle Rechte vorbehalten. Dieses Werk ist einschließlich aller seiner Teile – z.B. Texte, Tabellen und Grafiken - urheberrechtlich geschützt. Jede

Verwertung außerhalb der Grenzen des Urheberrechtsgesetzes bedarf der vorherigen Zustimmung des Verlags. Dies gilt insbesondere auch für auszugsweise Nachdrucke, fotomechanische Vervielfältigungen (Fotokopie/Mikroskopie), Übersetzungen, Auswertungen durch Datenbanken oder ähnliche Einrichtungen und die Einspeicherung und Verarbeitung in elektronischen Systemen.